MW01443008

# TERREMOTO

EARTHQUAKE

LIBRO 1
UNA HISTORIA EN POEMAS

MAGNUS JOHNSEN

Diseño de Cubierta:
©3MAGNAS KUNST & BØKER FORLAG

Diseño de Ilustraciones:
(Dibujos Originales de)
©Magna & Magnus Johnsen

Queda prohibidos, dentro de los limites establecidos en la ley y bajo los apercibimientos legales previstos, la reproducción total o parcial de esta obra (textos y dibujos) por cualquier medio o procedimiento, ya sea electrónico o mecánico, el tratamiento informático, el alquiler o cualquier otra forma de cesión de la obra sin la autorización previa y por escrito del titular o los titulares del Copyright.

SEGUNDA EDICION: FEBRERO 2020
Copyright © 2019 Magnus Johnsen
Todos los derechos reservados.
ISBN: 978-82-691789-8-2
Impreso por
©3MAGNAS KUNST & BØKER FORLAG (NORUEGA)
WWW.3MAGNAS.NO
INFO@3MAGNAS.NO

# MUCHAS GRACIAS

A los que siempre he de necesitar

A los que he compartido mi vida

A quienes me dejaron compartir su vida

A quienes me enseñaron o intentaron
 enseñarme, a comprender lo bueno

Y en especial, ¡Agradezco a todos mis demonios!

## INDICE

PROLOGO ............................................................. 11
EL FIN DE TODAS LAS COSAS ........................... 15
DIA 1 ..................................................................... 21
DERROTA .............................................................. 33
UN DÍA CUALQUIERA ........................................ 47
DE NUEVO SÓLO .................................................. 59
EL FIN .................................................................... 73
DIAS ABSURDOS .................................................. 89
DIFERENCIAS ....................................................... 97
NOSTALGIA DE VIEJOS PRESENTES .............. 101
PRINCIPIO Y FIN ................................................. 111
LETANIA DE DUDAS .......................................... 117
DIAS OSCUROS ................................................... 129
DIAS MUSTIOS .................................................... 137
ALIEN I ................................................................. 145
EL AMOR SIN CONDICIONES .......................... 161
HOY TE DESCUBRO ........................................... 171
POEMA DE UNA HISTORIA .............................. 175
DEBO IRME ......................................................... 187

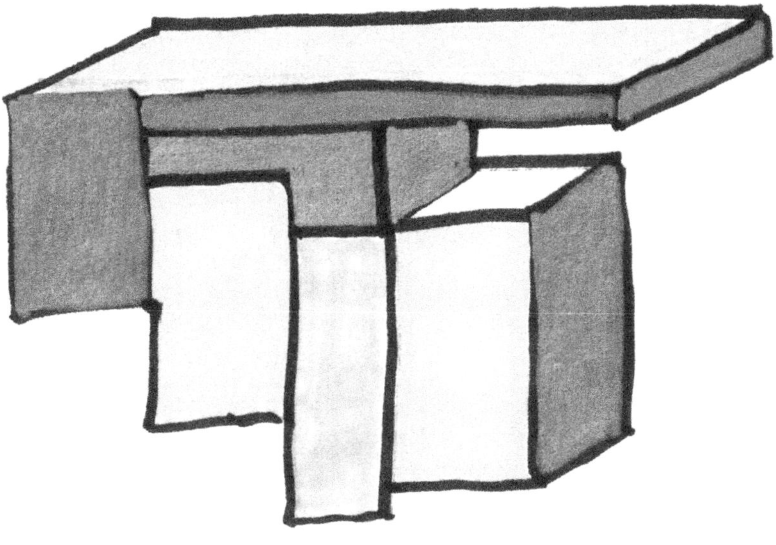

# PROLOGO

¡Hola!

Es un verdadero placer, el tenerte a bordo de mi libro. Una corta introducción para ayudarte en su lectura:

Todo lo que este libro contiene tanto la parte escrita, como la gráfica, está relacionado a la historia, y de alguna manera, son parte de la misma.

Aunque mucho puede considerarse de manera independiente, por lo que refiere a conceptos y reflexiones, no creo sea lo aconsejable. La primera página, la última, y todo lo que hay entre ellas, forman un solo hilo que refleja un periodo de mi vida.

Una historia en pequeños relatos que describen diferentes eventos y momentos, todo escrito en versos y aforismos, todos relacionados entre sí, por ese único hilo al que me refiero.

Cuando lo escribí, traté de ser lo más abierto posible en un contexto muy difícil, donde

todo eran problemas, fueron momentos duros.

Hay varios protagonistas en esta historia mía, no sólo dos, debes descubrirlos, así como distintos lugares y momentos.

Te deseo buenos vientos al navegar por este libro, y que disfrutes de su compañía.

# EL FIN DE TODAS LAS COSAS

# I

Después del drama
mi vida reinicia hoy
con mis bolsillos vacíos
con mis tristezas en hielo
sin patria y sin nombre

Sólo están mis manos
           nada más, ya queda.

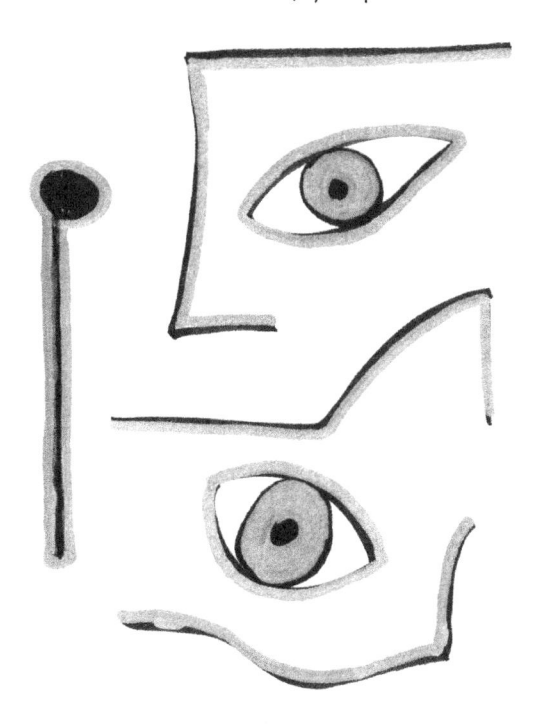

## II

Todo fin

es un principio en sí

Todo fin

es un punto de partida

con alegría,

vanidad,

orgullo,

y lágrimas de todo tipo.

\*\*\*

El fin de todas las cosas sería,
en todo caso,
tu victoria y tu derrota.

Significa, en ironía
tu nacimiento.

El drama
donde el pasado, el presente, y el futuro,
se funden como siempre.

## III

Las victorias
    involucran pasión,
        miseria,
            lujuria,
                sangre,
                    y éxtasis.

No hay victoria clara
sin derrota cierta.

Todos perdemos al ganar,
y todos ganamos al perder.

# DIA 1

# IV

¿Qué decir?
Tal vez,
que veo el mar,
veo barcos pasar,
así como pasan mis días.

Difícil entender
como estoy donde estoy.

# V

De nuevo mi verbo
como desahogo,
como control de mi ansia,
la que nunca duerme,
la que trae todos mis dolores,
cada vez con más fuerza.

\*\*\*

Mi mente gira
mi cuerpo cuesta levantar cada día,
no hay mucho por hacer,
más sufrir se hace cotidiano.
Harto ya de estar harto,
aún no me cansé.

# VI-A

Como el mar
mi vida tiene olas.

A veces sale el sol,
con brillo y buen humor
y me da tiempo.
Puedo reír
Puedo pensar
la vida tiene momentos válidos,
momentos por sentir,
por disfrutar.

# VI-B

Creer en cosas sutiles,
vagas,
difíciles y escurridizas ...
como el amor.

# VII

Sin continuidad,

solo el sufrir,

lo que no puedes cambiar.

Y esas lágrimas del alma,

que como ácido,

corroen tu voluntad,

tu fe,

tu espíritu,

y finalmente tu cuerpo.

\*\*\*

Lágrimas,
que te hacen sentir inútil,
estúpido,
inhábil,
inapropiado
absurdo,
sin fuerzas,
sin ganas siquiera de morir,
siquiera de estar
ni tan siquiera de ser
Te conviertes en cobarde lentamente.

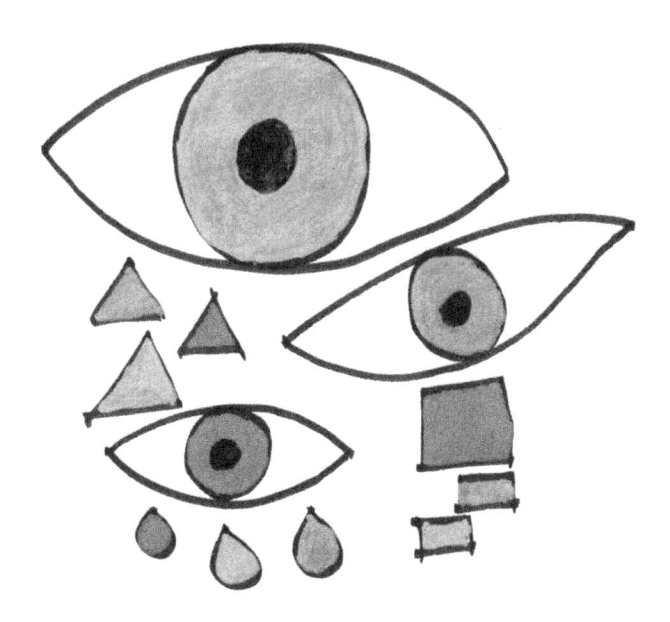

# VIII

Estoy llorando,
pero nadie lo puede ver.
Las lágrimas del alma,
a veces,
ni el amor las entiende.

Nadie llega a sentir tu dolor,
hasta que tarde ya es.

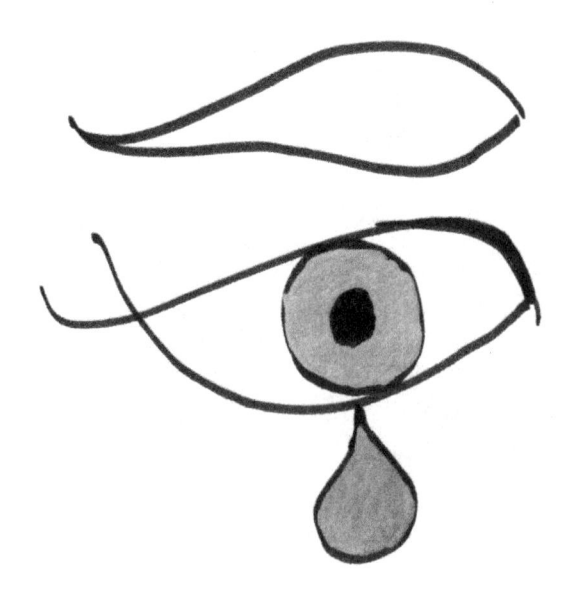

\*\*\*

De golpe
te encuentras perdido,
sin sentido,
ni razón de lucha.
Bajas los brazos,
una vez más.

# DERROTA

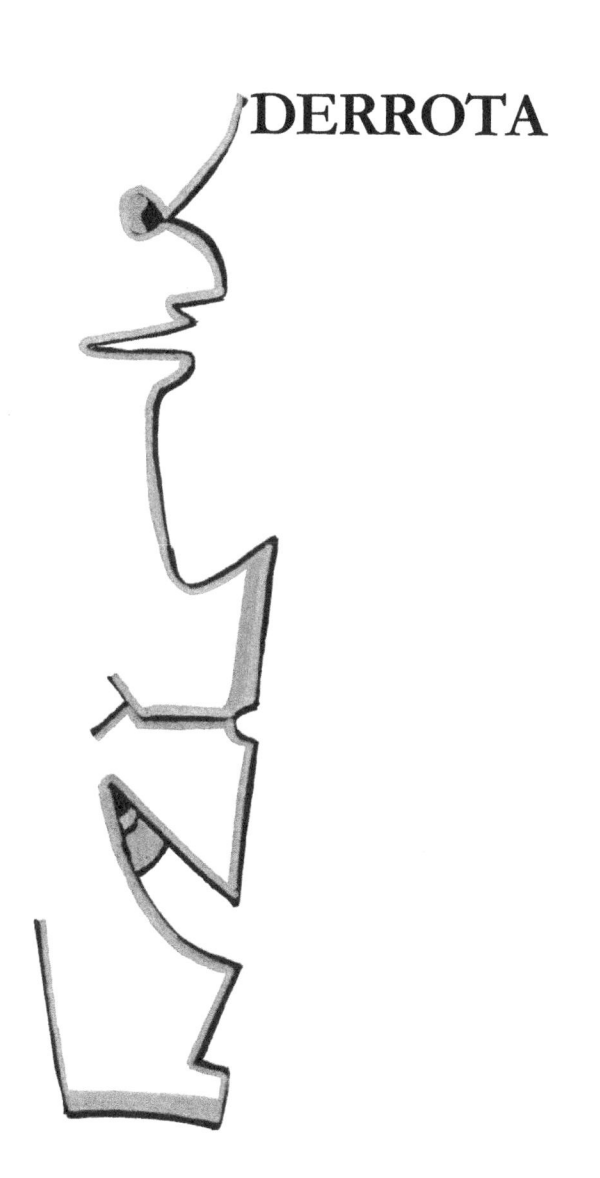

# IX

Soy tan afecto a la búsqueda de afectos
que en mi último intento,
creí, lo había encontrado.
Y lo encontré en mi lado, sí,
pero el tuyo me fue esquivo.
Hoy me es espino, duele y quema.

\*\*\*

Esta vez, jugué todas las cartas al triunfo,
a poder ser uno contigo,
jugué a ganar tu amor
para poder darte el mío,
descubierto en tus ojos.

\*\*\*

Lo intenté, y pude estar,
pude sentirte,
te creí mía,
un segundo, un día, o más,

    Nunca lo fuiste.

Aún estamos juntos,
sin más presente
que manos sin buscarse.

# X

Hoy, me doy cuenta,
cuán lejos siempre has estado.
Todas las culpas fueron mías,
más si de culpas o gracias el amor se nutre,
el amor también fue mío.
Ya no lo tengo,
te lo di todo a ti.

# XI

**C**urioso el mundo,
que cuando algo hay malo
nadie recuerda lo bueno.

Cuando algo malo aparece,
siempre lo malo prevalece.

\*\*\*

Aunque lo bueno sea mejor,
no hay tiempo,
    ni lugar,
        ni comprensión

Solo lo malo queda,
y se conserva.

# XII

Sería bueno empezar cada día
como cada día debiese empezar.
Con optimismo y una sonrisa
pensando que
> *puede ser mejor que el anterior*

Olvidando los reclamos
Dando abrazos, olvidando los dolores
Dando esperanza, olvidando quejas
Ofreciendo amor, en remplazo del odio
Pero las nubes, nublan el alma
Y comienza la pelea.

# XIII

¿Quién cede?

¿Quién debe ceder?

Tú, Yo, Ellos, Nosotros, ¿Todos?

¿A quién le importa?

Puestos a pelear o a discutir,

¿a quién le importa ceder?

El olfato se pierde

y se dicen feas cosas

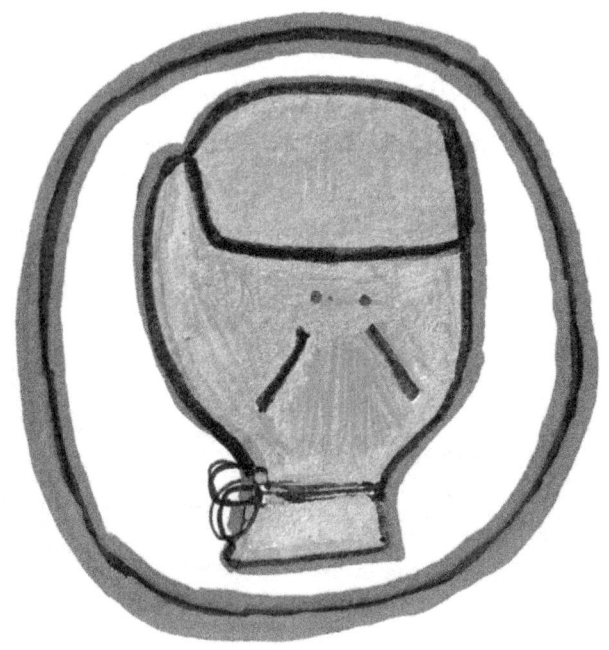

\*\*\*

Se habla en mal talante
y sin saber que se busca,
se busca el no saber nada bueno del otro.

Sólo lo malo queda,
y sólo en lo malo, te fijas.

# XIV

No más manos,
no más besos,
tampoco más abrazos.
Solo la distancia.
No hay, ni habrá
un roce o un contacto.
Sólo hay vacío,
ya vacío.

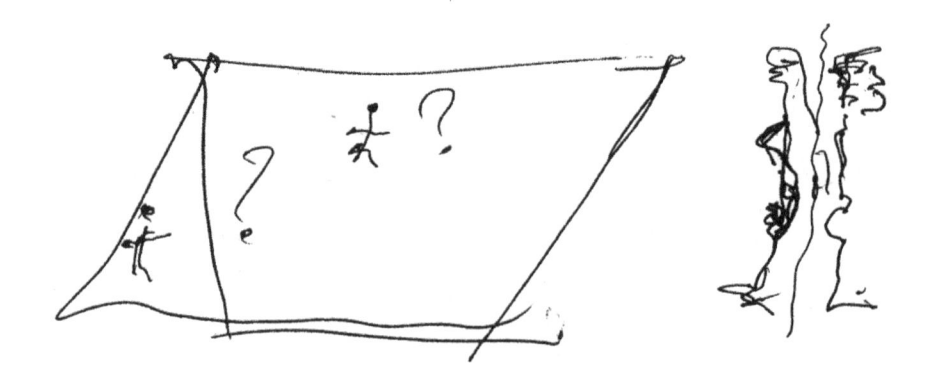

# XV

El fin
todo lo malo sobre y bajo la mesa
nada bueno que pensar o recordar
¡que injusto! (todos diremos)
o dirás, o diré, o dirán ...

El cinismo propio
de no querer saber
que fue bueno,
que pudo haber sido bueno,
que hubiese sido bueno,
pero hoy, es nada
Se acabó.

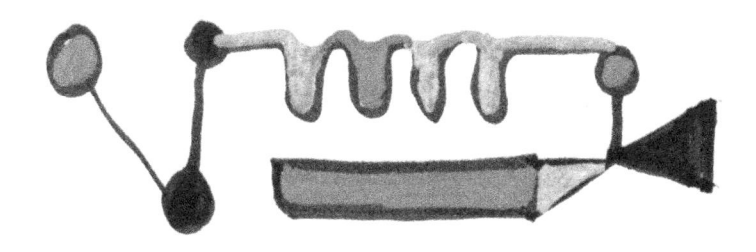

# UN DÍA CUALQUIERA

# XVI

Un día cualquiera,
de un abril cualquiera,
con peleas,
problemas,
y vivencias.
Estado de inquietud,
quietud que rodea a todo.

Lágrimas quietas,
dormidas en una piscina,
donde todo muere
y nada queda.

# XVII

Puro y limpio
sueños irredentos,
sueños ya muertos.
Alegrías que nunca serán,
tristezas que no se vivirán.
Momentos sin momentos,
lugares desconocidos
que no quieres conocer.
Cubrir con blanco
lo oscuro de tu alma.

# XVIII-A

Vivir sin vivir,
llegar sin llegar,
hablar sin hablar,
no escuchar,
no oír,
ni querer hacerlo.

# XVIII-B

Encontrar razones,
para todas las piedras del camino.
El mundo no es tal,
es un sueño,
una historia mal contada.

Cuando crees que todo lo tiene,
descubres que todo le falta.

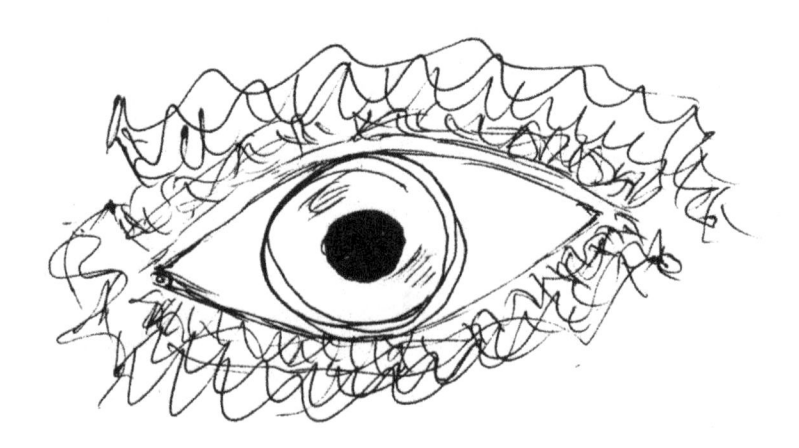

# XIX

La nada no existe.
Si existiese (al menos),
no sentiría este tremendo dolor.

Dolor inacabado,
   peleas perdidas,
      tiempo pasando,
         camino sin retorno,
           camino sin fin,
              cansancio infinito que no cesa

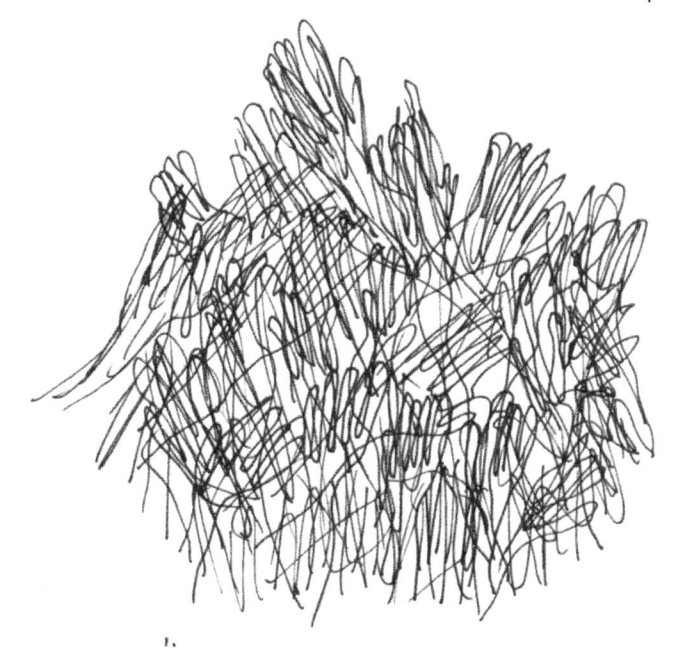

# XX

Dolor, siempre dolor
en cuerpo y alma.
Comes, te alimentas.
Bebes, te hidratas.
Libas, ganas tiempo
     o al menos,
          das razones.
Sobre todo, sufres,
no sabes cuánto, sólo sufres,
por todos tus ángulos
         en silencio

    La vida se convierte en imposible.

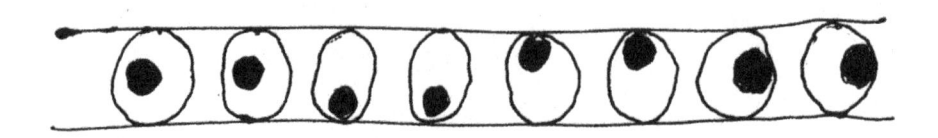

# XXI

El estar contigo,
es lo peor que te puede pasar.
No lo deseas, no lo quieres
ese espejo, te puede matar.

Sí al menos supieras,
que es lo que puedes intentar ...
podrías creer en ti.

Pero de nuevo todo cambia
todo muda.
Volver a la misma nada.

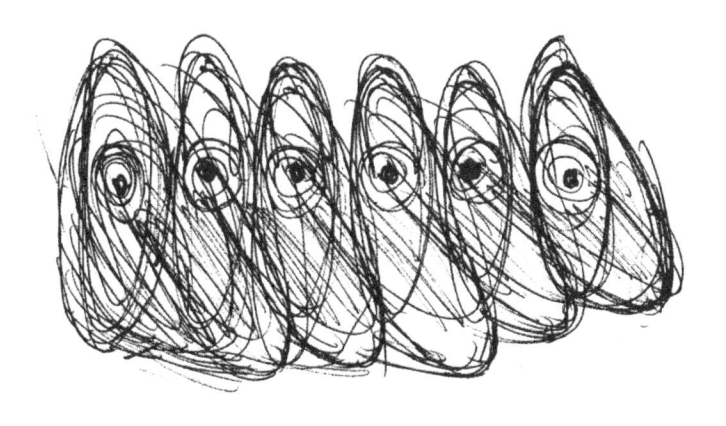

# XXII

La oscuridad,
los rayos, las tormentas,
el olor fresco de la lluvia y la tierra,
de la fruta madura,
y el de tu cuerpo.

El disfrute de todos tus sabores

\*\*\*

El aroma profundo
de las flores y los árboles
La alegría al descubrir,
los ojos que sueñas.

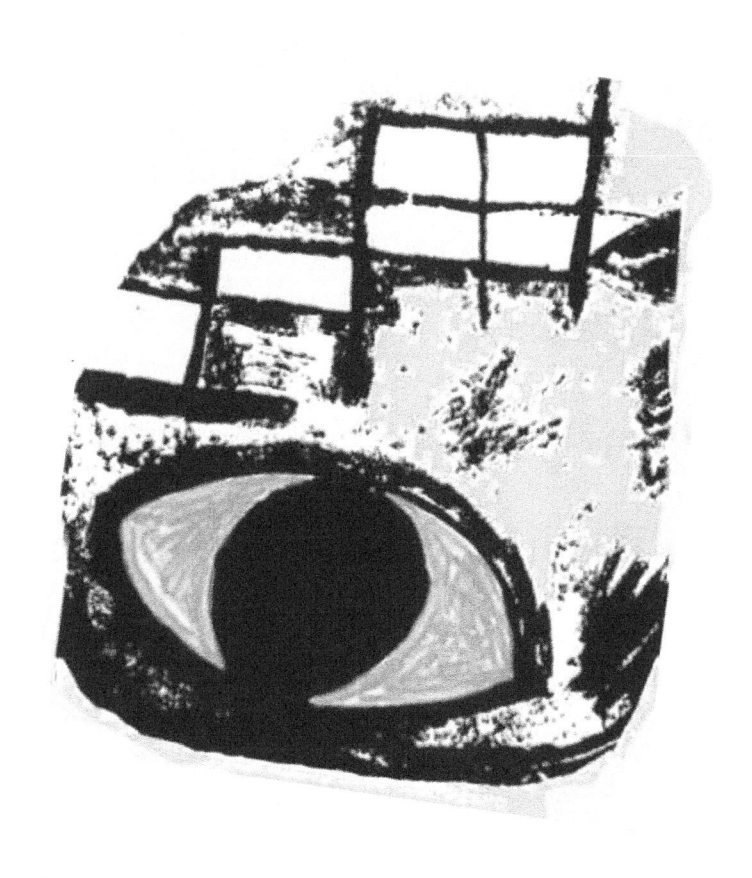

# DE NUEVO SÓLO

# XXIII

Silencio que molesta
por lo forzado,
por lo querido, no querido,
por lo amado, no encontrado.

Mis ojos no sirven para esto,
nada en mi sirve.
lo que antes se hacía fácil,
ahora me resulta,
sino difícil,
imposible.

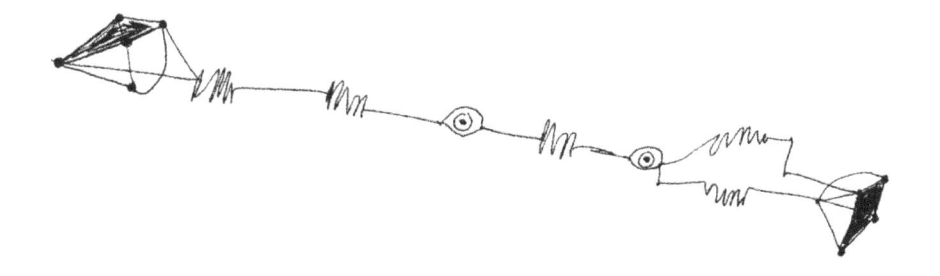

# XXIV

Mientras escribo,
no puedo fijar las letras.
Hoy está gris fuera y dentro
imágenes borrosas inundan mi alma.
Fuera, la lluvia hace su parte.
No sé, ciertamente no sé,
donde habré de estar mañana,
ni cómo.
Mucho menos sé,
de mí mismo.

# XXV

Mis dolores continúan,
uno nuevo se agrega cada día
y no se va.

    Ninguno se va.

Imagino esto es la vejez.
Hoy
Todo en mi duele.

# XXVI-A

Nunca imaginé llegar tan lejos

ni en distancia,

ni en edad,

ni en sinrazón,

más aquí, ...

    aunque no soy ...

    aún estoy.

# XXVI-B

**P**erdí en el camino un poco de todo:
   los olores,
      los sabores,
         los hedores,
           los ascos,
              las verdades,
                 y los honores.

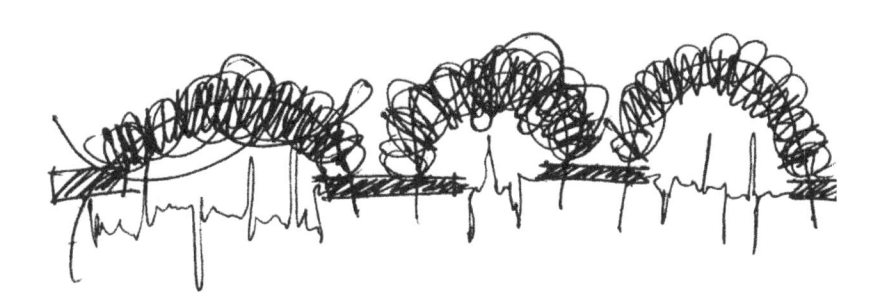

# XXVII

Estoy muy cansado,
y sin embargo,
abro los ojos cada nuevo día.
Me encanta el diálogo,
pero debo callar.

    De alguna manera,
    no sé dialogar.

No entiendo o no me entienden,
Tal vez,
debo no hablar.

# XXVIII

Como alguna vez pensé,
mi destino,
el cual no lo sé,
tiene en sus bolsillos,
como premio,

*la soledad para mí.*

# XXIX

¿Cómo ser bueno?
¿Cómo querer serlo,
intentarlo una y otra vez,
cuando el fracaso,
viene siempre
a mi presente?

Cada vez que lo intento,
un fracaso me saluda.

# XXX

Desando un camino
a paso tranquilo
más la oscuridad
borra mis pasos,
y el camino.
No hay respuestas en la nada.
Nada tengo

    Y solo nada es lo que tengo.

# XXXI

Creí mucho en mí
sin ver mi derrota,
sin apreciar mi vacío.
Así, me acerque a ti.
Quise apoyarme
en el regazo de quien,
en su silencio,
siempre apuesta por el fin.

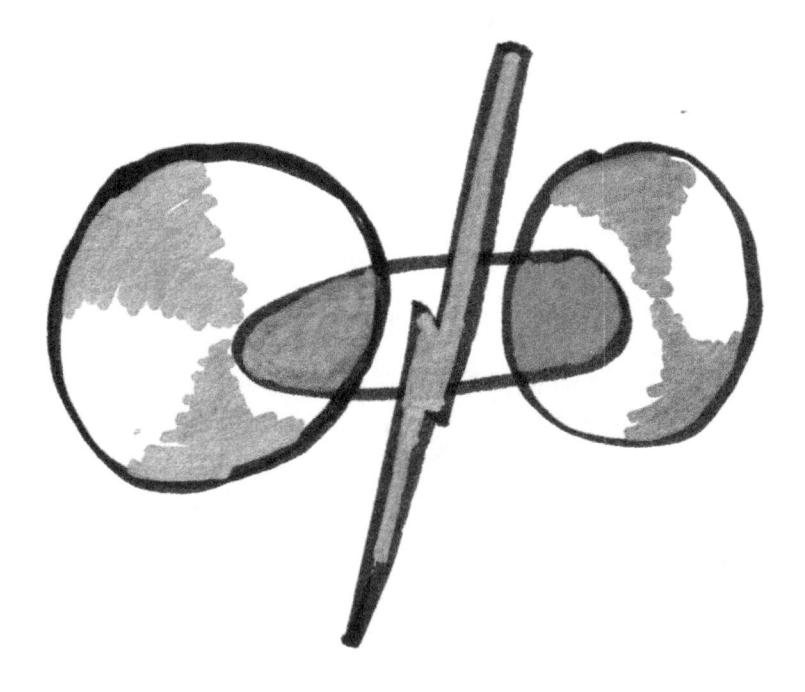

# XXXII

Te busco,
me buscas,
y de repente
no te busco,
no me buscas.

El silencio inacabado,
el fin del viento en los árboles,
la muerte de los sentidos,
sin ser sufridos.

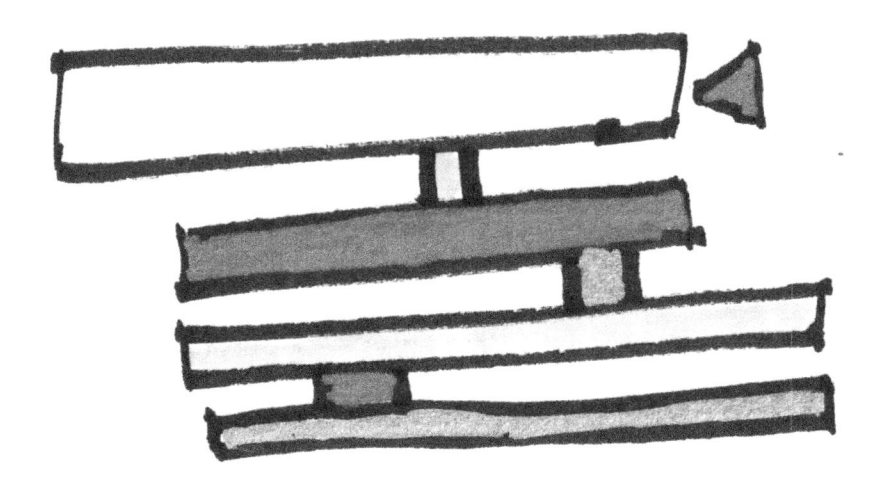

# EL FIN

# XXXIII

En lo humano,
todas las cosas
	tienen un principio,
que en sí mismo,
	augura un fin.
Todo acaba de alguna manera
todo final es malo,
aunque te parezca bueno.

Las lágrimas, los problemas,
llegan y cierran lo empezado.

# XXXIV

Volver a pensar que hacer,
volver a pedir sentido,
volver a sentir necesidad
*de lo perdido.*

Más lo perdido no vuelve,
y no nos encontramos,
ni nos vemos.

El error está en nosotros.
Creer que todo lo nuestro es perfecto,
cuando nada de lo nuestro es.

# XXXV

El orgullo,
hoy soberbia,
nos ciega.
Nada en el otro,
es bueno ya.
Todo lo malo brilla esta noche,
hasta el odio.
Ni perfecto,
ni imperfecto,
solo malo,
todo malo,
silencio.

# XXXVI

La distancia entre almohadas,
se vuelve infinita.
El tiempo se alarga hasta el agobio
no hay diálogo,
no hay lógica,
ni mucho menos razón.

# XXXVII

No hay violencia en mí.
Entendí que no tiene sentido,
que nada va a cambiar,
que todo tiene un final
        desde el principio.

# XXXVIII

Aún juntos,
separados.

    Con sonrisas,
    amargados.

El corazón poco a poco se vacía,
porque su alimento,
el compartir cosas y momentos,
es ya olvido.

# XXXIX

¿Cómo lograr el equilibrio
donde la verdad se precie
y la agonía del cinismo,
           se castigue?
Buscarlo,
intentarlo
y nunca lograrlo

*No hay lugar ni momento,*
     *donde no exista esa lucha*

# XL

Al final se sonríe,
sabiendo que ya no queda nada,
que no hay nada.
Que lo importante,
el tú y yo o el yo y tú,
quedó perdido entre tantos días y noches,
donde la vanidad y el orgullo,
fue matando
poco a poco el interés.

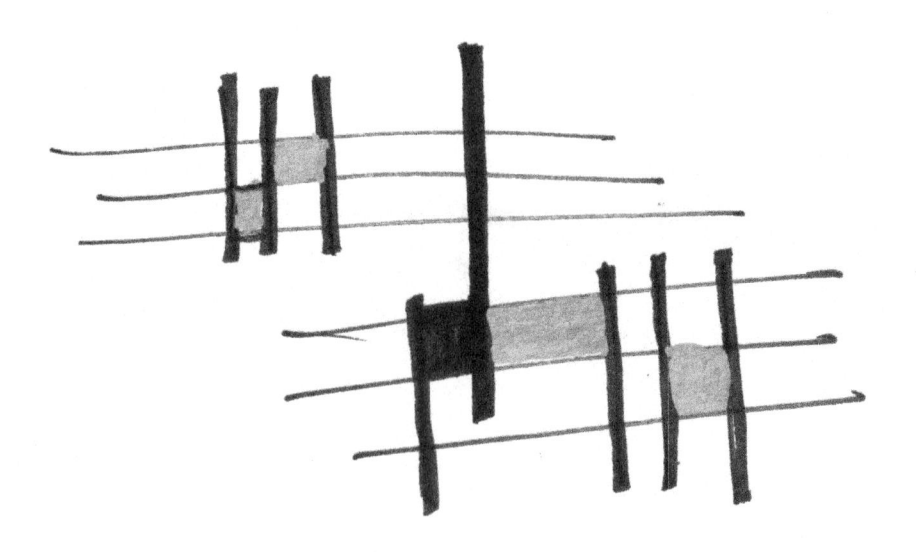

# XLI

La llama que mantenía la unión
ahora es frágil cuerda que une dos orillas.
Al principio duele la pérdida,
pensar en dar razones,
o asignar culpas.
Buscar pasar los días y las noches.
Vivir sin vivir,
sino mentir.
El cinismo de estar juntos.

Tal vez, por necesidad ...
por fin,
    el fin.

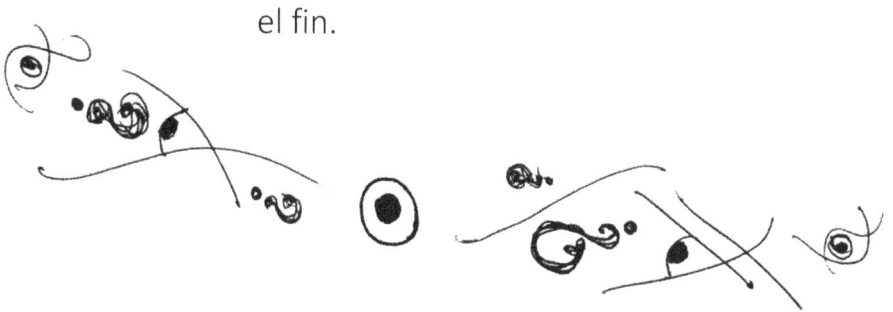

# XLII

Tu por tu lado
yo por el mío
los dos compartiendo nada
juntos en una botella vacía.

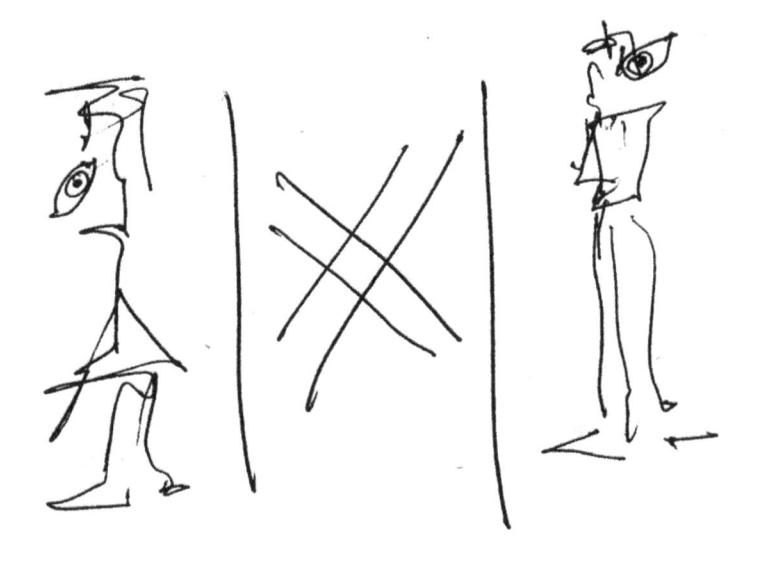

# XLIII

Con el tiempo y la observación
entendí que el dolor
es invasivo y permanente.

Que todo dolor queda
que el depósito de lo amargo,
nunca se llena.

# XLIV

La felicidad,
entendida por la alegría
      *que demuestras,*
es una ilusión,
y dura,
lo que toda ilusión dura,
segundos, minutos,
o lo que te dure la dosis,
de lo bebido o tragado
o quizás, solo creído.

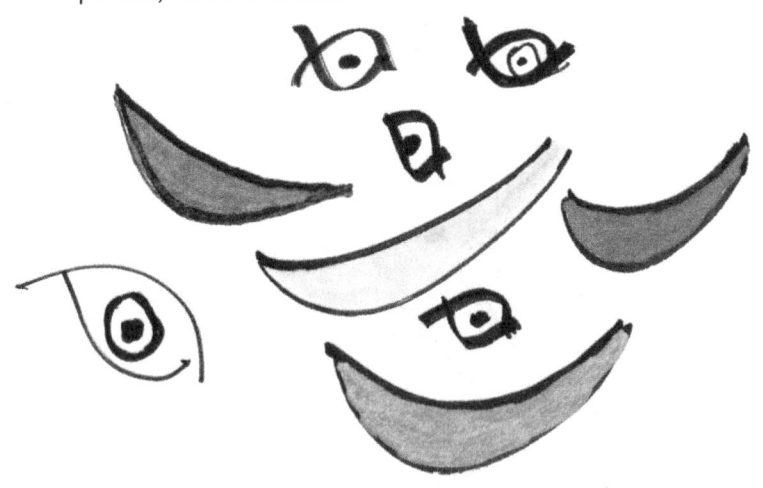

# XLV

Hay un espacio entre nosotros
de distancia infinita.
Estamos tu y yo,
juntos en una hoja de papel.
No nos podemos encontrar.
Creo, que ni lo queremos.

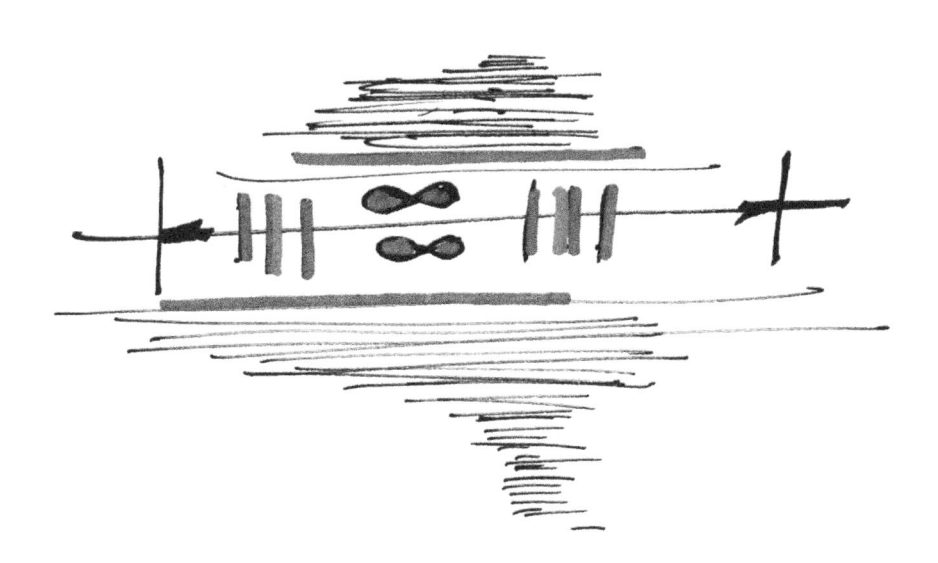

# DIAS ABSURDOS

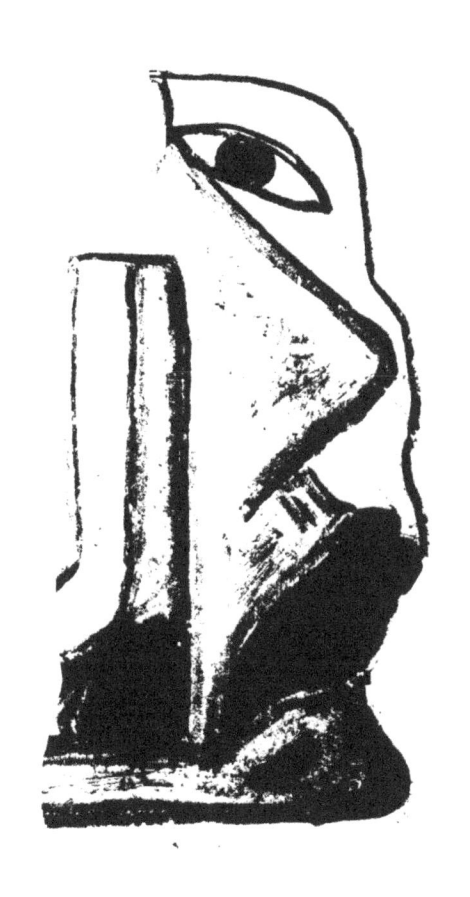

# XLVI

Me doy cuenta
entiendo más allá de las palabras,
no elijo, ni soy
Solo observo ...
mantengo el momento,
sin sentido y sin sentirlo
porque es lo único vivo.

Los tiempos muertos se suceden.

# XLVII

El contenido bueno cede paso
a la violencia incontenida
del verbo en la sangre.

Aunque ya fría en la pasión,
está caliente por necesidad.

# XLVIII

**N**ecesidad de días dulces y plácidos
entre tú y yo,
con espacios nuevos en el corazón
Exploración nueva de cuerpos viejos
dulzura no amarga, ni triste
sino propia del estar bien.

# XLIX

El silencio
es la mejor opción
para la espera,
tensa y a veces dura,
de la irremediable pérdida.

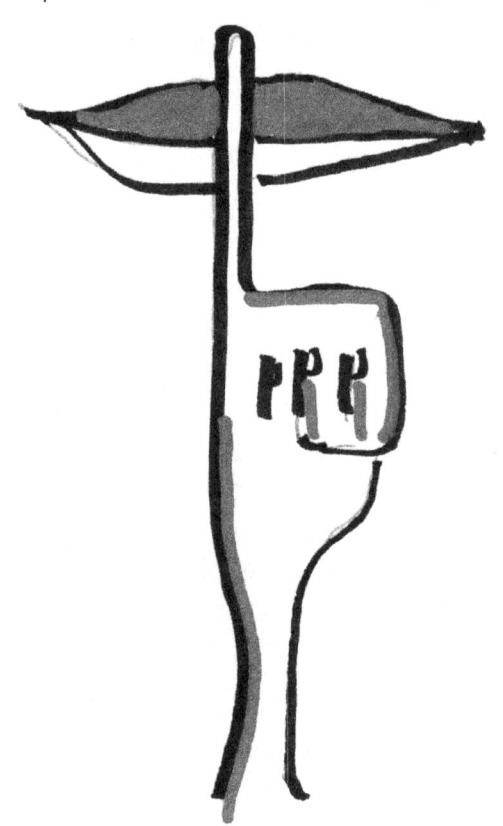

A veces, como hoy
la tristeza del momento
cede paso al hastío.
Sordo cansancio
de batallas sin sentido,
de momentos absurdos.
Hoy, el agotamiento,
frena las lágrimas.

# u

**N**ada resuelve lo irresuelto,
ni resuelve que tú eres tú,
y yo, ya soy yo.
Tus años más jóvenes,
aunque no menos llenos
y los míos, más viejos,
con dolores que duelen,
separan tanto,
como la certidumbre
de nuestras diferencias.

# DIFERENCIAS

# LII

Gritar y no gritar.
Tú, entender lo que no digo,
y yo, entender lo que tú no dices.
No entender nada de nosotros,
ni a nosotros mismos.
Ser tan distintos
y además,
seguir siéndolo a cualquier precio.

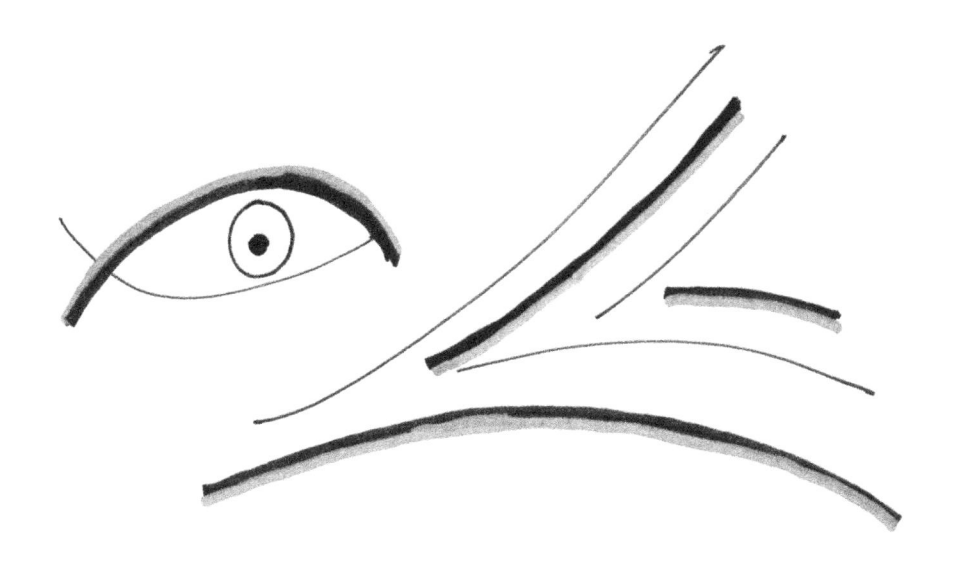

## LIII

No hay razón en mi,
ni tampoco razón en ti,
es un juego de resistencia.
Tu con tus cosas
y yo con las mías.
Aún antes de jugarlo,
ya lo perdimos,
y nos perdimos.
Sin lágrimas,
pero con dolor,
y mucho.

# NOSTALGIA DE VIEJOS PRESENTES

# LIV

Extraño la nieve,
la brisa fresca
en la mañana del parque.

Extraño el cansancio de mis músculos,
mi curiosidad.

Extraño el olor a lavanda y azafrán,
el mar suave y delicado,
las olas violentas de Finisterre.

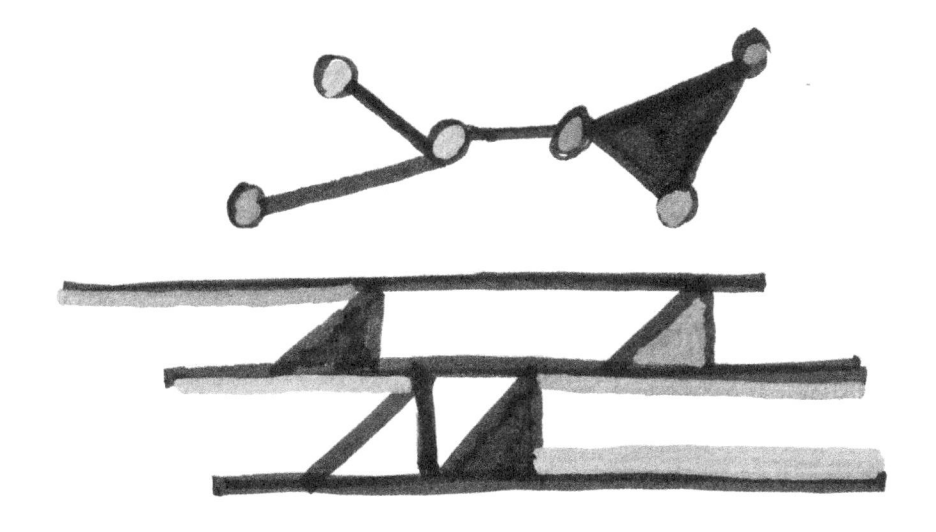

\*\*\*

Extraño el Kilimanjaro,
los deshielos en Nepal y Patagonia.
El olor a café crudo,
el olor a chocolate en San Ginés,
el asado en Argentina,
y el carnaval en Río.

Extraño mi lago helado,
la locura del neón en mis noches.

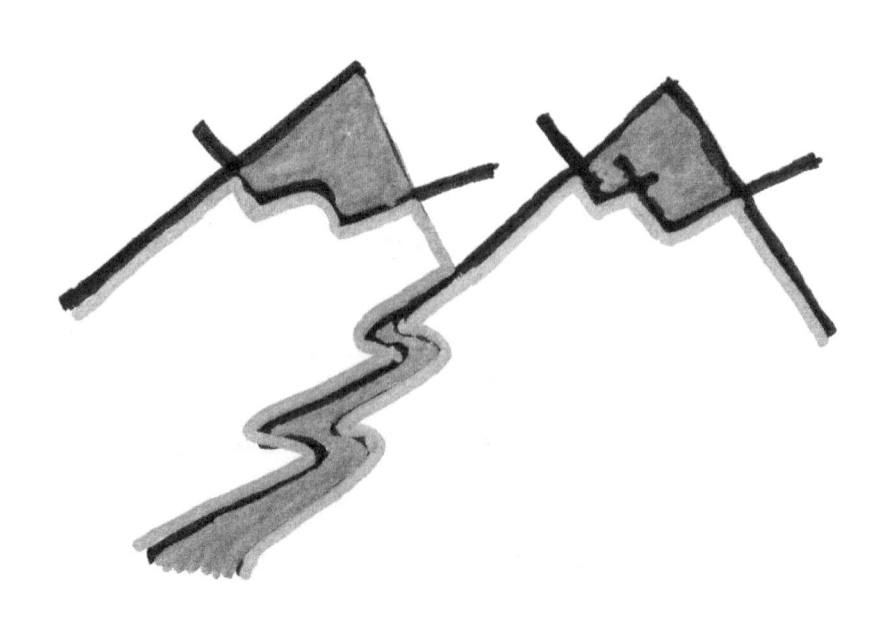

\*\*\*

Extraño el Bósforo a mis pies,
el mar Caspio, los Urales, toda Europa.
El mar Caribe y California,
New Port Beach y Laguna,
ese deli en Nueva York,
Namibia, Rhodesia que no existe,
Angola en diamantes desangrada.

\*\*\*

Extraño mi Lagavulin de las tardes,
mi música en mis oídos,
una buena ópera en Viena,
el Colón, la Scala,
o en la arena de Verona.

Extraño la Siberia, Yakutia, Tiumen
Asia Central, Nínive, Jordania, el golfo,
el Dubái de pescadores y el Dubái del Burj,
La India, el curry y su spicy food
los mercados de Garimpa,
con su mágico brillo y color
con su riesgo y turmalinas.

\*\*\*

El silencio del hielo evaporándose
        por el sol de febrero,
El frio extremo,
El calor extremo,
La primavera cercana,
El otoño adormilado.
Todo eso,
        todo eso extraño.

# LV

Los dolores aumentan
y las ganas de luchar,
se reducen lentamente.
¿duermo?
¿cierro los ojos?
¿no quiero ver?
¿ya no quiero estar?
comienzo a extrañar mi muerte
y sin miedo,
a esperar por ella cada día.

# LVI

Cuando muera,
imagino dejaré mucho por resolver
que no por hacer ni ver,
porque hice bien
y más aún mal,
porque he visto,
oído y tocado,
gustado y degustado
mucho bueno

\*\*\*

Y bastante más,
infinitamente malo,
he vivido.

Habré de dejar mucho por resolver.
¿y tú?

*¿dejas algo?*

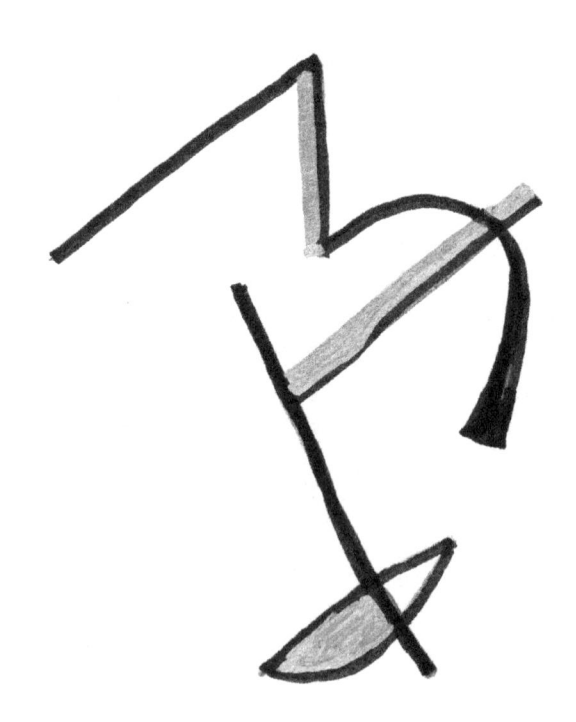

# PRINCIPIO Y FIN

# LVII

Principio y fin,
crear y destruir,
buscar y perder,
esperar y claudicar,
compartir y dejar de hacerlo,
a esta hora y momento.
Algo nuevo que comienza,
algo viejo que termina,
un proyecto que acaba,
y otro, deseando comenzar.

\*\*\*

Es triste la vida,
y es en esencia mala.
Reír o llorar, no cura.
Llegas y te vas, sin nada.
Una sonrisa, una alegría,
un después, donde todo ya fue.

# LVIII

No tengo remordimientos
más que todos los que tengo

No tengo más dolores
más que todos los que tengo

He nacido el mismo día
que muchos habrán muerto

Y moriré el día
que otros tantos nacerán.

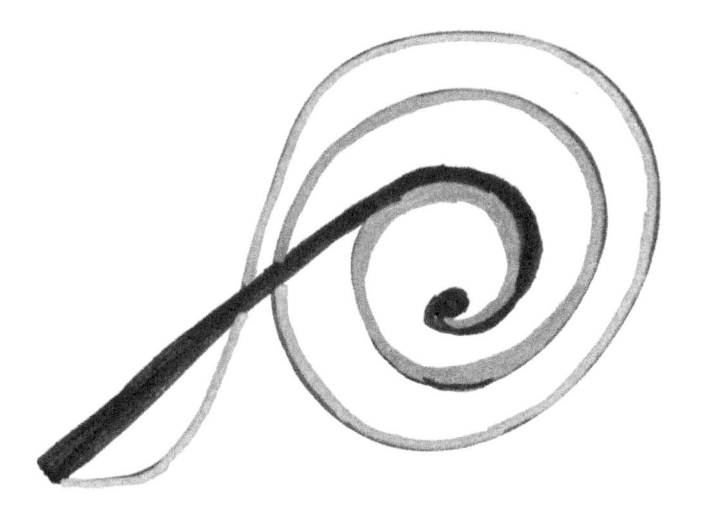

# LETANIA DE DUDAS

# LIX

Los campos verdes,
aquietan y amansan,
como el mar.
Los desiertos de arena y piedra
duros y llenos de polvo están.
Las montañas claudican,
ante el cielo de imponente altura
que termina en el vacío oscuro
del llamado espacio.
   ¿Y hacia abajo?
      lombrices, hielo, grava,
         petróleo, mineral, magma,

\* \* \*

Magnetismo sin imán,
calor,
que aquí en mi alma
falta.
Dos extremos de un mismo ser
de billones de seres,
que sin entender muy bien porque,
estamos sin estar donde estamos
y sin saber muy bien o para nada,
donde realmente estamos.

# LX-A

Tenemos fe,
queremos creer.
Luchamos, odiamos,
creemos amar,
y amamos.
Lágrimas salen de mil ojos
risas contagiosas de mil labios
puños golpean mil rostros
manos abrazan mil cuerpos
mil vidas en un instante
y mil muertes en el otro.

# LX-B

¡Qué puede acabar
con tanta tristeza mía,
con este dolor en el alma
que ni dormido se calma!

# LXI

Necesidad de poner en un papel,
sin intermediarios,
aquellas y todas las cosas,
que aclaran y nublan la mente
las ideas,
las metas inconclusas,
la decepción del yo.
El infinito arrepentimiento
por tanto mal hecho
y por tantos lastimados.

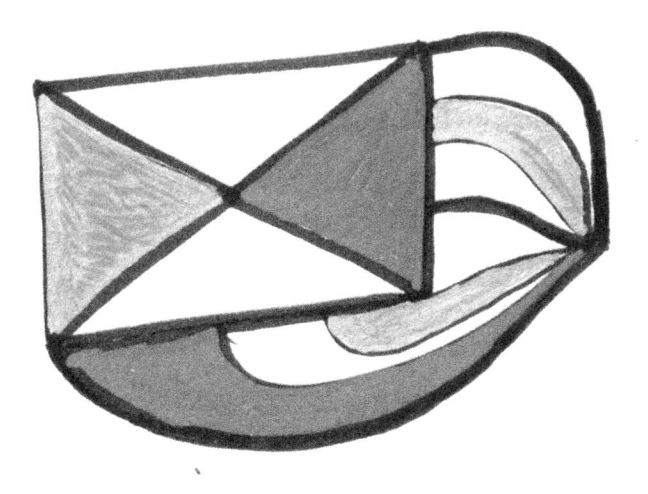

# LXII-A

Lágrimas eternas
dolores que acompañan,
fuera y dentro,
todos míos.
He pasado el umbral
donde podía existir,
o podía pedir.
Estoy solo,
sin red, sin apoyos,
sin lugar
y sin refugio.

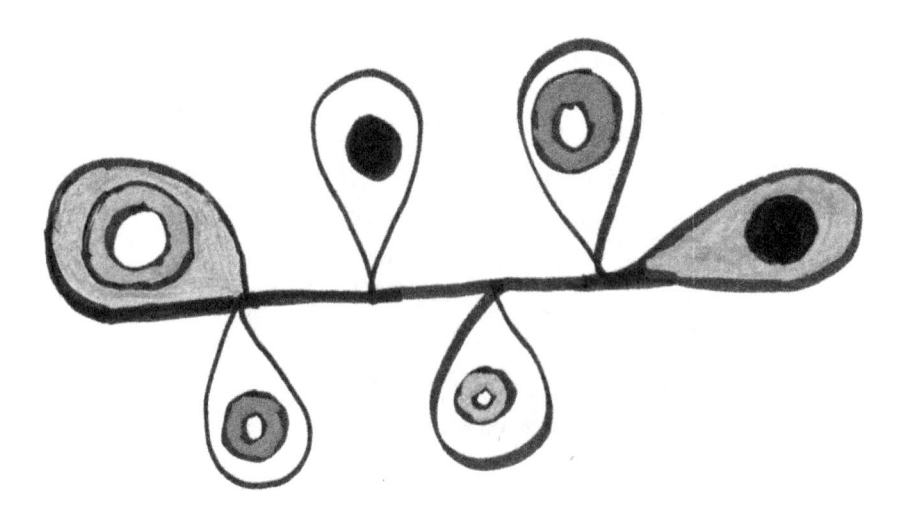

# LXII-B

Por lo hecho, y lo no hecho
he saltado al abismo de lo humano,
al vacío sin perdón.

*Intente hacer el bien.*

# LXIII

He visto mil estrellas
que deseaba regalar
pero los cielos siguen allí.

No busco mi salida.

Las mañanas se resuelven pesadas
el silencio es opresión,
y el miedo es dolor.
Aquí estoy,
pero ya no voy.

Metas y sueños se antojan
                cada vez más lejos.

# LXIV

Reír es sangrar tristeza,
de tantos momentos no resueltos.

Aeropuertos y despedidas,
cortes abruptos en la historia.

Nunca debió ser así,
pero fue.

Muerte, dolor, acritud
¿quién soy?

\*\*\*

No me conozco.
No me puedo querer,

¿cuáles son los límite del amor?
¿cuál la frontera del sentido común?

...
   *"Que no pase a otros,*
   *el mutar a monstruo".*
...

# DIAS OSCUROS

# LXV

Sin ideas claras,
invierno dentro y fuera,
amigos que nunca fueron,
solo gente de un momento,
solo eso.

# LXVI

Las nubes lo cubren todo
y ahora pensamos en el ayer,
con esto, con lo otro,
si no hubiese hecho lo que hice,
si no fuera lo que fue,
si no hubiese vivido lo vivido,
y así, se llega a nada.
Ningún lugar puedes encontrar
en el pasado.
El refugio de las cosas y de los seres
no se encuentra allí.

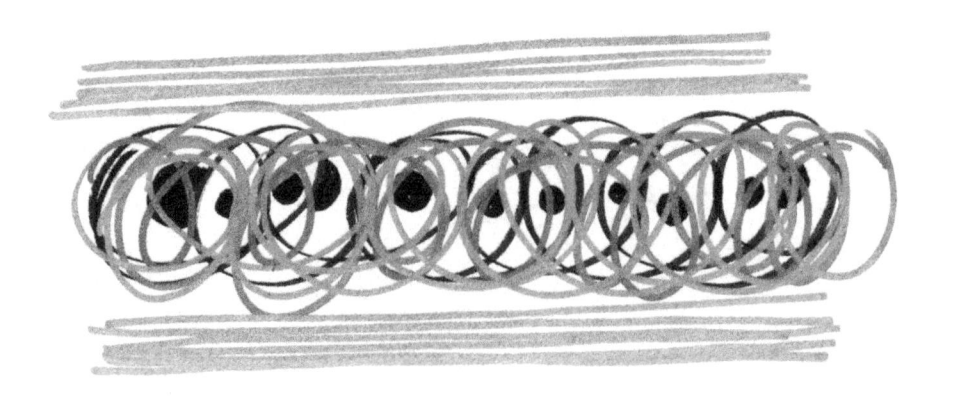

# LXVII

No nos podemos redimir
de lo hecho sin hacerlo.
Ni nos podrían perdonar
sin pedirlo.

Cada día,
y cada noche,
siempre,
vamos camino a nuestra muerte
cargados de cosas,
      todas inútiles.

# LXVIII

Encontrar la dignidad
en el orgullo que se va,
en la desazón nocturna,
en no poder hablar,
en no poder decir,
y ya, ni siquiera saber
que decir.

# LXIX

Vivir la realidad
todos los días.
El dolor entumece.

Sin remedio,
hasta el amor envejece.
Y sin quererlo,
el deseo también,
ya mustio perece.

# DIAS MUSTIOS

# LXX

Días secos de alegría,
llenos de temor,
algún momento de pánico,
muchos de rabia,
y más, de desilusión.

Depresión contenida con pastillas.

Dolores menguados
por falta de consuelo.

Sangre estancada en el cuerpo.

Limites finitos que se acercan,
y te atrapan.

# LXXI

La morada es más próxima
a la muerte que a la vida.
El insomnio se retira,
porque nada soluciona, ni empeora.
El nocturno es oscuridad ciega
el alma está ...

*¿realmente está? ...*

\*\*\*

Tal vez, se retiró por cobarde
a otros lares,
a otras alegrías que las mías,
que son más
        consuelo que ternura
más pésame
        que dulzura ...
que pasión,
        o que deseo.

# LXXII

El rojo, ya no es sinónimo de lujuria,
pasión o desenfreno.

La entrepierna, ese lugar tan sensible,
de golpe se torna esquivo.

Las cavernas ya no se llenan,
más que con ruegos y lamentos.

Y este dolor, y el otro, y uno más
hacen naufragar cualquier intento.

Días mustios, secos de vida
Ares ronda,
            pero ni él se preocupa mucho ya.

# LXXIII

Es positivo y bonito el amor,
porque enmascara y oculta tus defectos,
por muy grandes que sean,
en la necesidad del otro,
      ... o en sus propios defectos.

# ALIEN I

# LXXIV

¿Y ahora qué?
pregunto con curiosidad.
Me levanté con ánimos raros
y momentos de fuerza.
El sol ya quema.
La primavera se presenta
con sus primeros cortejos,
y sus juegos de nacer.
Con noches largas de luz,
y muy cortas de sombras.

\*\*\*

Me vence el sueño,
y me despierto.
¿Debo seguir ...?
Esperanza corta.
Nervios agotados,
cortan la pasión,
en gajos sin forma.
Mi vida cambia
se torna fría y vacía.

# LXXV

Sin viento aún.
La barca no se mueve.
Pocos alimentos y agua,
tiempo muerto que se alarga.

Al límite las fuerzas,
sin tacto y sin contacto.
En todos los mares,
enemigos y piratas,
surcando y a por mí.

\* \* \*

Bajo el ánimo.
Las velas recogidas.
Sin tierra en el horizonte,
con la brújula averiada.
Espero ya solo mi destino
¿será por fin mi muerte?

# LXXVI-A

Creer o no
fe de otros lares llega.
Mas todo ahora,
por decirlo,
mal está.
Del Este,
y del Oeste,

Del Sur,
y el Norte,
voces tímidas y distantes,
con buenas y malas
se escuchan en el aire.

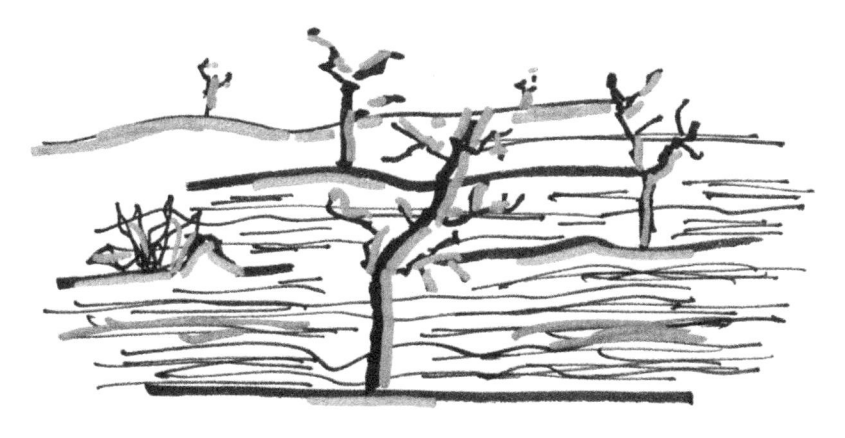

# LXXVI-B

Cambios vienen,
espero sean buenos,
de éxito rotundo,
con estabilidad y paz
Esos cambios
siempre buena falta hacen.

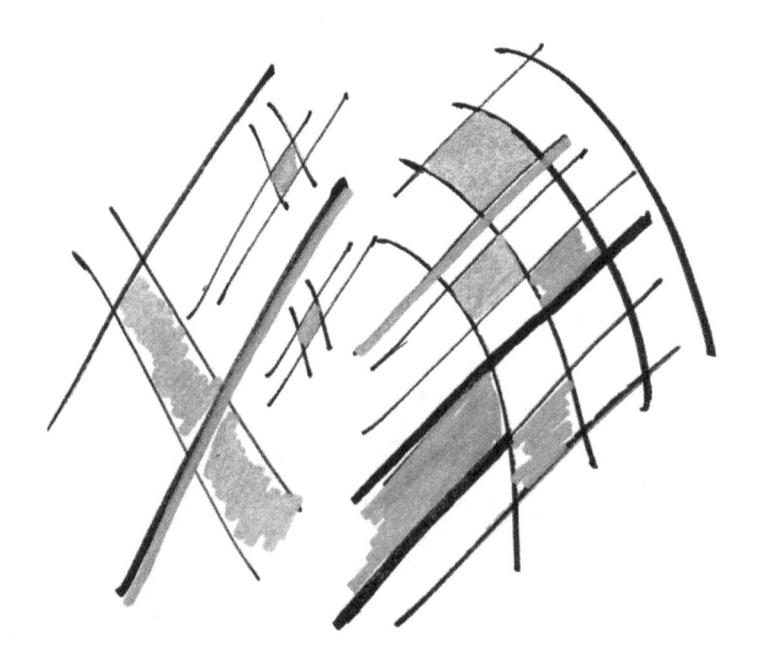

# LXXVII

Sin nada que escribir
sin nada que decir
sin nada en los bolsillos

Cerrado el cielo
cerrado el piso

Gris mi mente
negro el futuro

Ningún lamento sirve
si todo se pierde.

\*\*\*

La suerte y el éxito,
huyeron cuando me vieron.

Lágrimas,
ya no tengo.

Compasión,
no quiero.

La muerte,
me espera solo.

# LXXVIII

De nuevo igual
esperando el milagro

De nuevo igual
pero más viejo
más lento y deprimido

Busco un lugar nuevo
tristemente,
Lo busco de nuevo.

# LXXIX-A

¿Qué poner?
¿Qué decir?
¿Qué contar?
¿Porqué vivir?
Hacía mucho tiempo
que no me sentía solo,
y hoy,
me encuentro así.
Espero tu auxilio
y lo espero,
aún solo.

# LXXIX-B

Necesito ayuda
y solo tú estás
que poner,
y que decir
más que ayúdame.

# LXXX

Impotencia...
Siempre ha estado conmigo,
compañera incómoda
desde mis 16 años ... odiada.

Una mierda,
de buena vida vivida.

Pido por otros ahora,
ya no por mí.

# LXXXI

Historias repetidas de soledad,
de miedos no aceptados
de luchas de un hombre solo.

Cuando la tormenta arrecia,
cuando la muerte saluda,
cuando la desesperación,
es lo único que se siente en el aire,
nadie estará contigo,
ni tu sombra lo estará.

Todos quieren al triunfante,
pero pocos o ninguno
aceptan luchar a su lado

Nadie quiere al perdedor

# EL AMOR SIN CONDICIONES

# LXXXII

El amor...
esquivo, aparece en una mirada,
en un lugar indefinido.
En un hotel hablando con una mujer,
que ni siquiera conozco.
Un día cualquiera,
en un momento cualquiera.

\*\*\*

Calor exterior,
ojos que se asoman con miedo,
ojos que se muestran indefensos,
necesidad,
ansiedad,
búsqueda incesante.
La entrega en un gesto,
los silencios compartidos
y los silencios solitarios.

\*\*\*

De repente te vas,
sin más
de repente te veo,
y vuelta a empezar.

\* \* \*

Ahora tu voz, sólo tu voz
Después de días
con tus abrazos,
con tus manos,
con tus gestos,
con tus miradas.
Ahora sólo tu voz,
entrecortada en la distancia,
y ligera como el viento.
Inmediatez,
sentimiento,
aún no pasión.

\*\*\*

Actitud medida y controlada
en una situación descontrolada.
Creo que estoy enamorado.
En un segundo,
al verte,
entendí eso.
Intento negarlo,
pero no puedo,
te necesito.

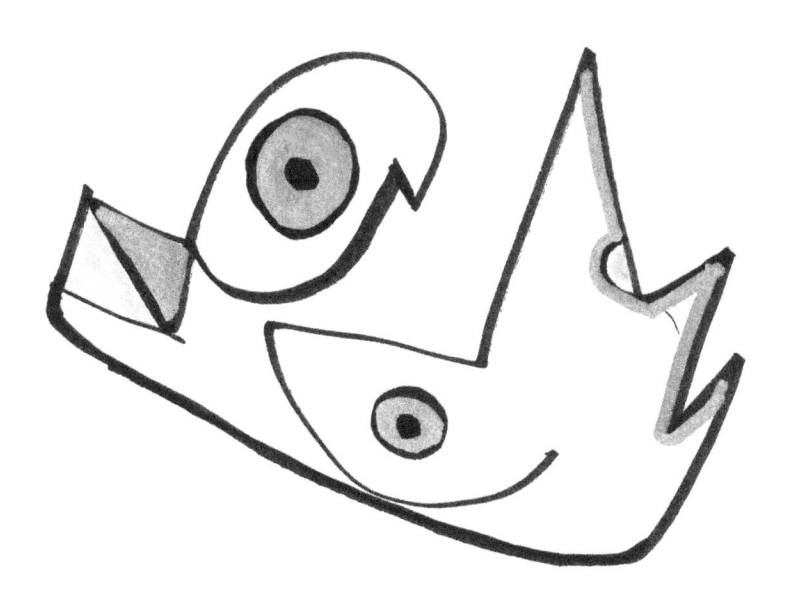

\*\*\*

Si te vas,
lo entiendo,
soy nada y nadie para ti

Tú para mí,
ahora lo eres todo.

Si te vas,
moriré una vez más

Lo entiendo
nada para reclamar,
y nadie para estar.

\*\*\*

Solo cuerpos sin sentido
para acompañar mi noche.
Una profunda e inmóvil tristeza
de la posibilidad perdida.
El dolor de saber
que debo seguir.

Si te quedas, en cambio,
serás mía como yo soy tuyo.

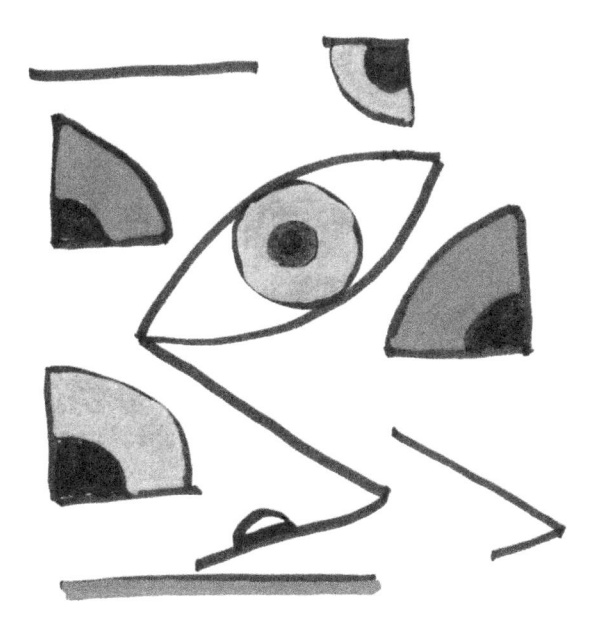

\*\*\*

Si te quedas,
estaré a tu lado y tú al mío.
Si te quedas,
sonreiré con mi alma
y agradeceré la vida.
Cuidare de ti,
todos mis días.

Ya no creo,
ya lo estoy.
    *Te amo ...*

# HOY TE DESCUBRO

# LXXXIII

Hoy te descubro

como todos los días que pienso en ti.

Te toco,

y siento tu cuerpo

a través de tu piel.

Bajo al lugar de tus pasiones,

subo por tu sangre a tu cerebro

toco tu otro lado

y ríes, y lloras, y gozas.

\*\*\*

Tu cuerpo se estremece como hojas,
al viento de tu propio placer.
Te duermes, tranquila
Reposas con tus recuerdos amansados,
por los besos
y tus labios,
en los míos.

# POEMA DE UNA
# HISTORIA

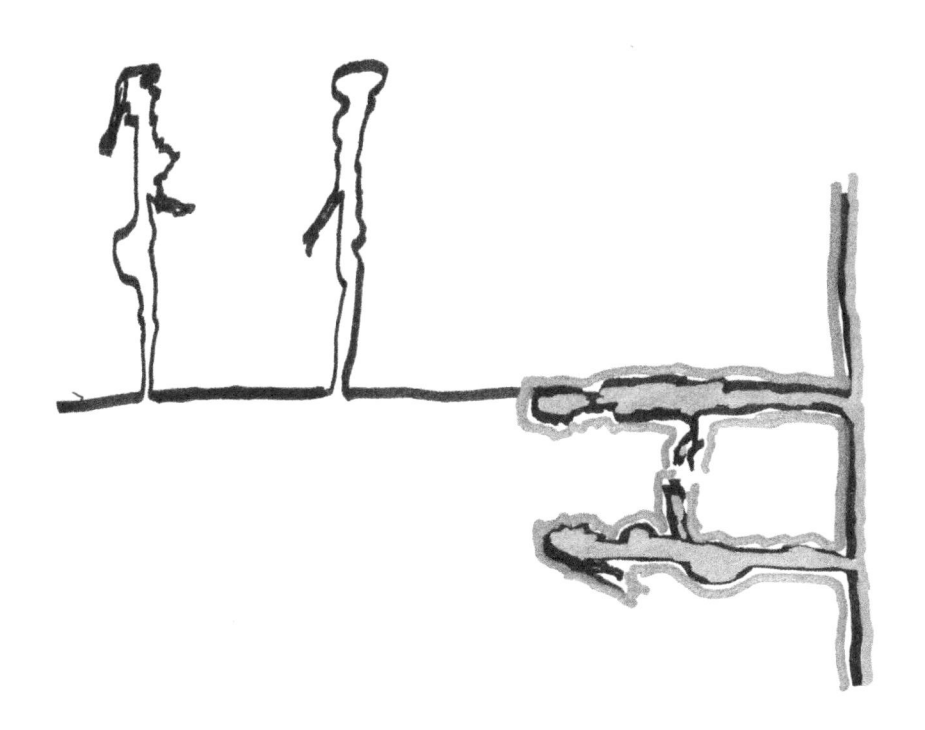

# LXXXIV

Mucho tiempo sin pensar.
Sin la soledad de unas líneas solitarias.
Sin la armonía del silencio y mis ideas.
Mucho tiempo dormido
al embrujo de la pasión,
la necesidad, la ansiedad,
y la emoción.

Pocas lluvias han pasado
y muchos soles se fueron.
Calor, frío, noches, y destajo.
mucho se me ha olvidado de olvidar.

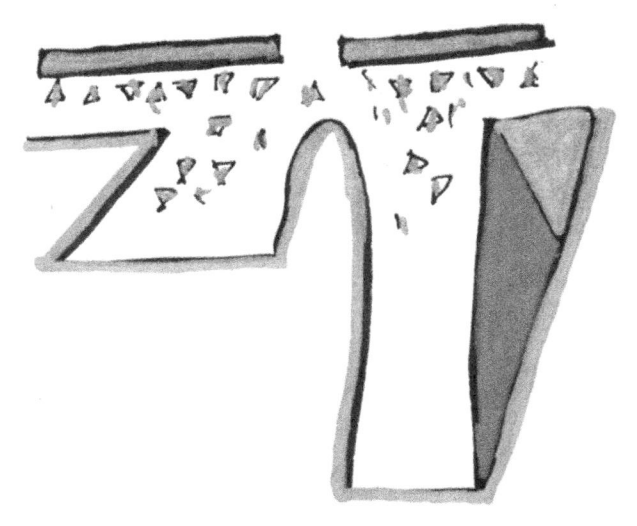

# LXXXV

La pelea por triunfar,

la desesperación por sobrevivir.

La falta de música

y la falta de oído.

A veces pregunto dónde estoy,

otras quién soy,

otras donde voy,

y para qué.

Sin respuesta,

sin respuesta,

sin respuesta,

y sin respuesta.

# LXXXVI

Levantarme al otro día,
sonreír, reír,
y estar bien.
Frases consentidas,
y algunas sentidas.
Y aunque es duro,
es real.
Y aunque no entienda
ni me entienda,
camino directo al abismo.

# LXXXVII

Muchas bocas esperan alimento,
para el alma y para el cuerpo.
Me agradaría despertarme donde no estoy.
Me sentaría bien no sentir.
O sentir sin sufrir,
la eterna sensación del no aceptar.

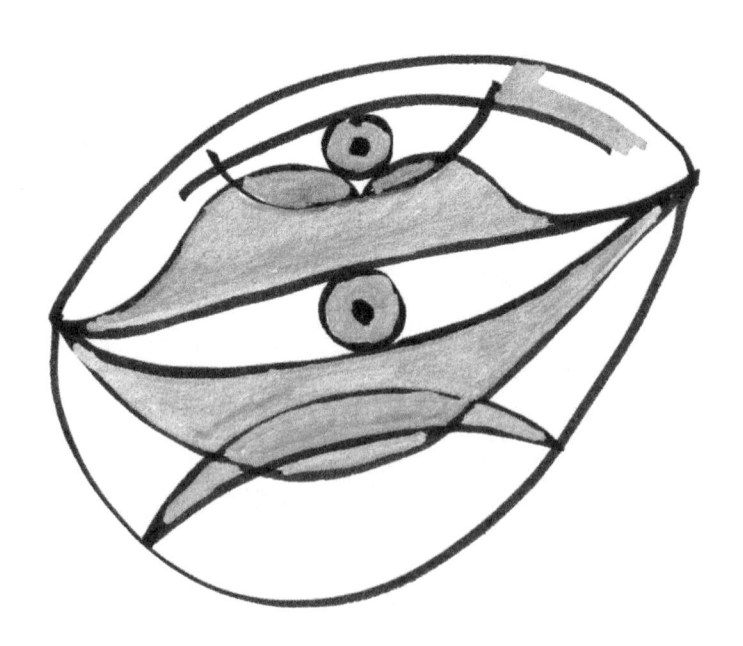

\*\*\*

Es triste, pero más doloroso aún,
saber lo que piensas,
saber lo que quieres,
hasta lo que necesitas.
Y saber, que tarde o temprano,
Lo irás a buscar.

\*\*\*

Así somos todos,
así eres tú y así soy yo.
Así, las lágrimas volverán, y se irán.
Una y mil veces.
En uno y mil lugares.
Con una y mil gentes diferentes.

Dios, no elegí el vivir,
pero pesa pensar y sentir

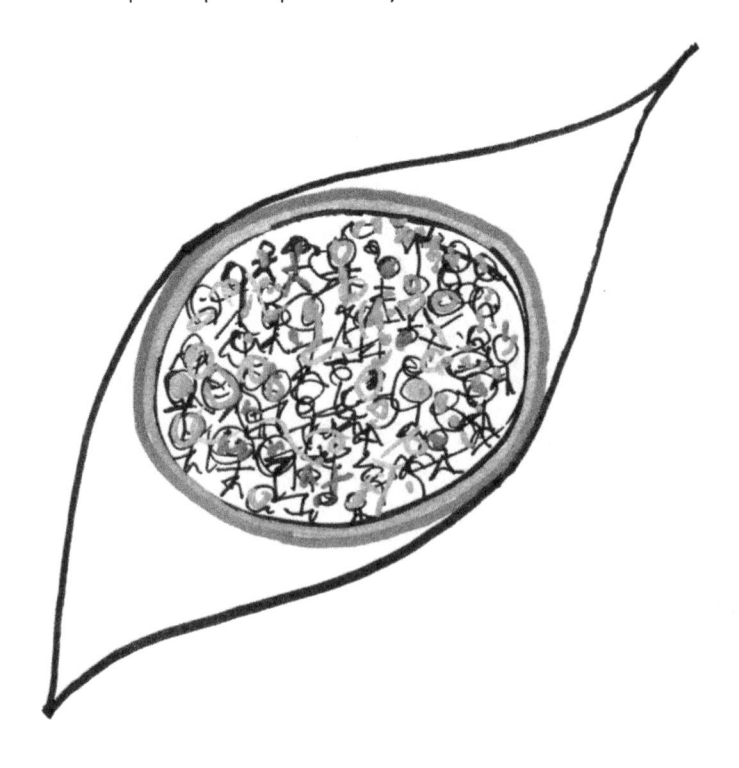

# LXXXVIII

Un nuevo comienzo... otro más...
con dolor, fatiga, y cansancio.
Veo cerca el día de partir,
así, sin más,
hacia ninguna parte, y a todos lados.
Un vacío profundo
encoge mis hombros y mi alma.
El pan de todos los días
me obliga a ser reflexivo
No el mío, que importa poco,
más sí el de todos.

\*\*\*

Llueve ahora en mi interior,
con penas que se juntan y arrebatan,
hierven, y me queman.
No hay remedio para no estar, ¿o sí?
Seguir o comenzar, ¿qué más da?
El dolor no se va sino aumenta cada día.
Mis lagrimas están secas,
ya no sé si soy yo, o una burda copia.

Me tengo que ir, sin más,
a ninguna parte y a todos lados.

# LXXXIX

Nada, el silencio de los solos
El momento de recibir lo que nunca llega
La nada realizada puramente con nada
El vacío que me contempla sin prisa…
Mi conciencia, no me deja dormir.
Llega la mañana sin que cambie
ni mi fe, ni mi esperanza.
Ni mi realidad que no me gusta,
ni el vacío de estar solo, ni la angustia.

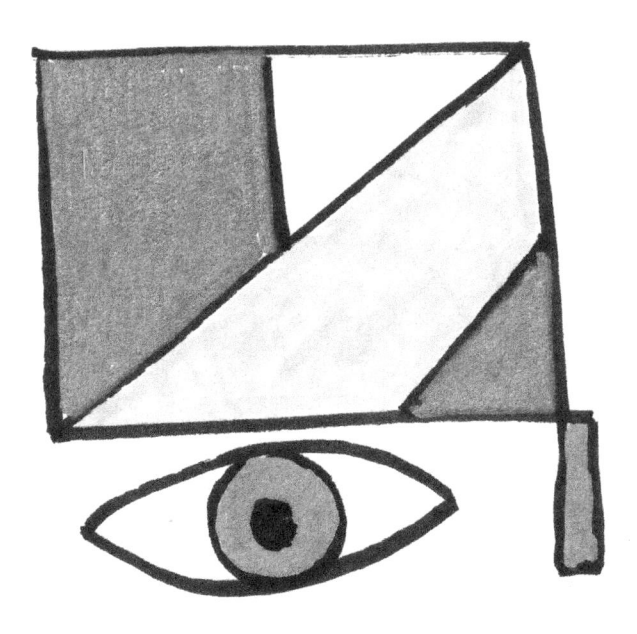

\*\*\*

Por miedo, por seguridad, por cuidarte,
debo sufrir mi ansiedad,
y la tuya.
Pero no creas que no la sufro
solo disimulo lo mejor que puedo,
aunque en mis poros está.
Y en mi sonrisa esquiva, también.

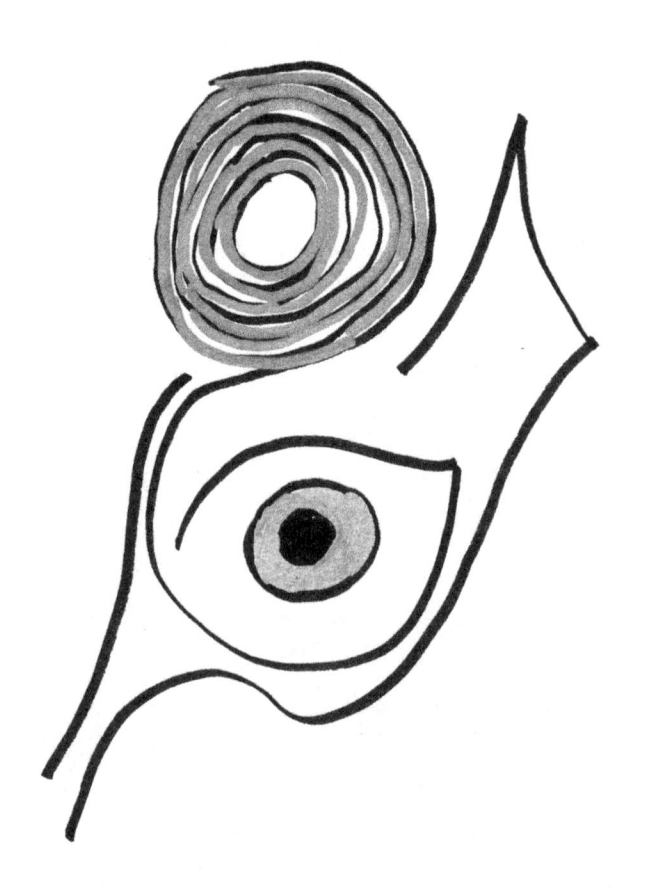

# DEBO IRME

# XC

A veces, como hoy
el peleador, el tenaz
se rinde y entrega.
Quiere morirse de a poco
quiere morirse un poco.
Desaparecer de si mismo
no sentir ni hacer sentir
Hoy no es como ayer.

Me gustaría hoy, no tener mañana.

*¡¡Ya no existo, solo escribo!!*

# AGRADECIMIENTO
## A LOS LECTORES DE MI LIBRO

Si te interesa, búscame, y en los idiomas que mal hablo,
te cuento algunas cosas de mi vida, o todas, tú decides.

Me agrada que leas mis escritos, si de alguna manera
sirven para despertar algo: en ti, amor, odio, venganza,
dolor, pasión, y hasta asco, lo que sea, es bueno. Gracias
desde cerca tuyo, o desde ya muy lejos.
Estoy muy cansado ya…

Espero reunirme contigo en mis sueños,
y si me dejas … en los tuyos!

## ACERCA DEL AUTOR

Viajado, leído, instruido, un poco poliglota, creído y descreído, vivido, y unas cuantas cosas más, como todos, creo. Si soy famoso es por ti y a través tuyo, que lees mi libro, y lo haces posible. También no te vendo un billón de libros, sino este que estas leyendo, por lo que este único libro que tienes en tus manos es lo más importante para mí, y en eso, como en lo anterior, estoy siendo absolutamente honesto.

He nacido a la sombra de las montañas, con el encanto de la selva y la locura. Has adivinado, hacía calor, casi siempre. Allí y desde entonces, en otros lares también, he vivido y convivido, con seres humanos de mil estilos, algunos colores e infinitos matices, también algunos que parecen, pero no creo sean para nada humanos.

He conocido la siesta, durmiéndola o disfrutándola, el permanente e increíble calor, los naranjos en las calles, y la infinita fragancia del azahar que todo lo envuelve.
El frio, la nieve, el hielo en las calles, el desierto, el mar, y los rascacielos, me encontraron ya crecido. He vivido la vida a toda velocidad, choque con todo lo que se me puso por delante o me atrajo. He disfrutado el amor dado y recibido, los sudores de la lujuria y el deseo. También he recibido como todos, creo, mi cuota de dolor por todo ello.

Escribo, principalmente poesía y relatos cortos, pinto y dibujo, hago obras gráficas diseño joyas, pañuelos y tapices. A algunas personas parece agradarles lo que hago. Siempre me agrada compartir mi arte, así como experimentar con nuevos medios y técnicas. Me encanta aprender.

No creo que haya grandes diferencias entre nosotros, por lo tanto, no creo ser muy diferente a nadie. Sin embargo, todo es único en mi (lo mismo que en cada uno de los demás). Podría haber escrito o dar a escribir esta introducción o pequeña biografía en modo clásico, con datos, y cifras que impresionen, pero he preferido dejar todo por conocer de mí. Leyendo mis libros o apreciando mi arte en cualquiera de mis obras o diseños, me habrás de descubrir siempre. Creo es la mejor manera, nunca habré de mentirte así.

Made in United States
Orlando, FL
14 July 2022